Danza de la locura

ʊ

Ilustración de portada: Miguel Castellanos Sotos

Depósito Legal: AB 298-2024
I.S.B.N.: 978-84-10319-00-4

Este libro ha sido impreso con papel obtenido de bosques sostenibles.

unoeditorial.com

Danza de la locura

CLARA GARCÍA CASTELLANOS

ʊ

Graznan los pájaros
en la ciudad del silencio,
pasan...
como el recuerdo...
y después se olvidan

Clara García Castellanos

Índice

PRÓLOGO

La terapia que encontré para liberar conflictos internos guardados en los baúles ocultos de nuestro inconsciente es bailar. La catarsis que destruye nudos y vence resistencias es liberadora de traumas sin resolver.

Tenemos tendencia a escapar cuando el ello y el yo se enfrentan. Lidian un combate interno difícil de equilibrar. Huimos de lo que nos duele y buscamos mecanismos de defensa para intentar aliviar ese sufrimiento.

La locura que nos invade cuando danzamos de manera chamánica hace que nuestro ser mueva anclajes indeseables que nos enganchan a lo rígido, lo estancado; y la energía fluye sin obstáculos, sentimos que nos unimos a lo magnánimo!

Vibramos al soltar la incredulidad de que podemos solo existir, sin más...

La danza sagrada está relacionada con la profundidad y conecta con el más allá, el más acá, el ahora, la sencillez...

La santa locura es una tendencia al desequilibrio para poder sanar. Es más, vivir en un estado intermedio de santa locura es llegar a los abismos del océano!

Vivir desde la profundidad es comprender cuál ha sido el fin del hundimiento-

Nacemos -tal vez- con algún bloqueo energético heredado de nuestros ancestros...y este sistema -mal diseñado-, no para de rellenarnos con traumas eternos. Nos convertimos en un buen plato de cocina para degustar.. ¿tiene sentido?

Clara García Castellanos

TRAUMA

Escondes tu dolor
en forma de emoción reprimida
no sabes deshacerla
y te afecta la vida

Resistes el sufrimiento
como si no tuviese medida
tratar de limpiar
nos intimida

Expresa lo que sientes
aunque aparezcan serpientes

Si la invasión
de no aceptación
es tremenda
pide a los ángeles
ayuda y protección

Las escaleras son muy altas
las piernas están agarrotadas

-simulación-
sonreír
con el corazón
en una olla a presión

Encuentra una puerta
de salida
porque la vida
no es fingida

Si alguna vez
quieres abandonar
piensa en ti
-sobre todo-
pero también
en los demás

LOCURA

Opresión inacabada
deja extraña
la memoria

El encuentro entre
dos personas
acerca la posibilidad
de una enfermedad

Distopía alucinada
que nos deja
sin mirar atrás

Olvidar recuerdos
y crear ilusiones
que jamás se darán

El límite que rodea
la disponibilidad
a la locura
está en uno mismo
y no es tan extraña

Fugaz e intransitada mente
que se difumina en el ambiente

Lejos está
de la línea indefensa
que separa
las dos vertientes

Zonas perseguidas
de errantes olvidados
-psiquiátricos-

Una noche
refresca a cualquiera
en el laberinto
deviene trastorno

Sin querer
sin poder
sin desear
llega hasta la muerte

Pierdes la noción
triste y cruenta
es la devoción
a la locura dispuesta

CORDURA

Qué distinta
es la locura
si todo está infectado
de cordura

¿El canon ideal
-acaso- se puede calibrar?

La diferencia
no es pasajera
sino algo
que nos delata

Si alguien
te hace entrar
por un aro
más pequeño
de lo normal...
-es lo que llaman cordura-
entonces, tu espíritu
se desata y quiere volar...

La obligación
retiene amargura
-obrar con libertad
pero no dañar a todo
lo que te cuida

De repente,
te ciega
la voluptuosidad
no eras tan tú
como creías

Si actúas
con doblez
no alcanzarás
a estar loco
sino al revés...
conocerás el infierno
incauto y temeroso
de la mentira

Es innecesario
este juego macabro

La locura
sana y alegre
es divertida
expande tu ser
hasta la cima

Cuerdo es
el engaño
que ni te quiere
ni te olvida

BIBLIOTECA

Espacio lleno
de palabras
sin verbalizar

Algo tan lindo
como las miradas
de los que supieron hablar

Entre las ventanas
la luz
despierta en nosotros
ganas de divagar

Desvíate del camino rectangular
aprovecha la tormenta sapiencial

Estamos locos!
Qué más da!
perder la cabeza
un poco más

Asustas con tu grandeza
a quien -pequeño y despacio-
en ti, quiere entrar

Sinagoga argumental
ahora nos renuevas
con tanto arsenal

Libra la batalla
de ayudar a los demás
como aquellos
que supieron expresarse

SALZILLO

Salzillo
-pájaro encantado-
por la luz solar

Tranquilo
como si no
quisieses molestar

Entrenas el canto
que te cuesta dominar

Salzi, amigo
no eres travieso
ni rebelde
aunque el primer día
quisiste escapar

Tu instinto
te hace volar rápido
cuando captas el aire
y el ambiente de libertad

Vas despacio
en tu quehacer diario
desprendes con naturalidad
la paz de tu silencio

Salzillo,
canario de pocas palabras
y mucho significado...

LOCO ANARANJADO

Mirada tierna y profunda
-dices sin hablar-

Esperas paciente
y obediente
-la comida-
sin rechistar

Fiel amigo
de pelo erizado
y descuidado
Eres una mezcla
de galgo y pastor
Así de raro
es tu aspecto despeinado

Tus ojos
muestran
la bondad

Corres agitado
te metes
debajo de los coches
al aparcar

Loco entusiasmado
pareces desarticulado,
deshilachado y
nunca enfadado

Ahora revoloteas
contento
ladrando desordenadamente
por tanta felicidad

CUENCA

Ajetreo en la ciudad
gente amontonada y al compás
andurrean por calles estrechas

La oscuridad que prevé el atardecer
se vuelve tinte de moras
escondrijos se atreven
a aparecer
sin vergüenza
sin delator
que los empuja
hacia un vacío nocturno
inhóspito

El secreto de una pequeña ciudad encantada
y unas casas colgadas,
por un puente
veo mis piernas temblar de miedo
por el abismo
que encierra museo y catedral
que no disimulan su edad
están enojados
por la gente
que ya nos los visita

El sendero me acoge
veo las direcciones
y atrás no me dejo ni las ilusiones

Abrigada ciudad
de vapor congelado
dificultas la conducción
...con tanta cuesta...

CAMBIO DE VIDA

Vida de ratón
que entre los andenes
me inculcan
los que deben
ver mi cara mañana

Agonizo
sin el tiempo necesario
asoman mis manos
en el teclado

Tratando de averiguar
qué ha pasado
la máquina del café
se ha atascado
No podré vivir con tal desagravio,
en mi santuario!

Rompo con la vida de ratón
me mudo a las estrellas
donde sirven café recién molido
y se cierran las colmenas!

LA TIENDA DE LAS FLORES

Como un patio andaluz
lleno de flores de colores
aromas y luz

Se asemeja
al océano tropical
que en su fondo
entretiene a los peces delirantes

Plantas aromáticas
que recuerdan al asado,
pescado...
tan dispuestos a gustar

Una tiendecita
que alberga
simpatía
y buen hacer

Cactus hermosos
no acarician mi piel
pero la sonrojan
con las espinas irascibles

Ilustres
seres vivos
que no hacen ruido,
embellecen y por un tiempo
-las tienes contigo-

Marchitas
inundan la casa
de temporalidad pasajera

CUPIDO

Enviado y experto
en armas de tiro

Estás emocionado
cuando lanzas una flecha
llena de sentido

Las alas de colibrí
te mantienen
en suspensión
para "ver" mejor
la ocasión

Encuentras víctimas
de lo hermoso
la luz está en tu intención amorosa

Abres puertas
a lo desconocido
animas a lo atrevido

Ya no estás ilusionado
porque las flechas
ni siquiera despegan

La gente escondida
olvida la razón de su existencia,
el amor

-Cupido-
adorna las calles
con besos y gestos
de cariño

Desnudo estás,
entero te das
a la complicidad
de dos amantes

El ángel travieso
está desorientado
en la nueva sociedad

Ronronea
cerca de las fuentes
cuando capta la energía,
se despide...

Él no habla
con palabras
-el silencio-
es su oración perfecta

LUZ AL ATARDECER

Las cortinas esconden
el destello solar
-penumbra-
acaricia el entorno
que me hace soñar

La música entretiene...

Desaparecen
las nubes blancas
destellos naranjas y amarillos
el violeta, los retoca

Cansados los pájaros
bajan al pie
de mi hogar

Esa luz acaramelada
tonalidad sepia

La tristeza
inunda el espacio
atraviesa el corazón
de la nostalgia enajenada

Así, el atardecer
despunta
con ternura en el campo

Caminan...
atraviesan
la línea oscura

Rayos sin fuerza
desanimados
desaparecen
en un trayecto lento

Llega la noche,
máscara de las ánimas creativas...

MI BUEN AMIGO

El amor no vivido
es un quiste en las entrañas
si tuviera que irme ahora
dejaría solo una cosa
-la más hermosa-
un recuerdo profundo y etéreo
de lo que tú
-mi buen amigo-
me hiciste sonreír
para que cuando yo no estuviera en tu mente
reposara por siempre y sin fin

DEEP LEARNING

¿Es el amor una lección?
La eternidad se acaba en el límite
que establecemos cuando nos distanciamos
si tú, te asustas de mí
busca en tu interior la fuerza que te equilibre
Yo, mujer sensible
Tú, la consciencia mística
pierdo el norte muchas veces, lo que pasa
es que disimulo...disimulo constantemente
Así que, no! No me enfado tan fácilmente

CORRE, CORRE ...QUE TE PILLO...

Ahora!
dicen los vengativos
sedientos de experiencia!

Dejan un haz de polvo
en la carretera por la que pasan

Están nerviosos
y echan a la gente de sus casas

Tienen poder de aniquilación
porque en tu hogar
traen la destrucción
Son...
los que creen
que luchan por el bien
siendo malos

Oscuridad
por todos lados
ciegos y enfadados

Corre, corre... que te pillo
nunca es bastante para ellos

Traicioneros
muy altaneros
ego exacerbado
vientre aplanado

No confíes en los que dicen
que te aman
adulando

El mundo de la ilusión vengativa
propuesto por un alma atormentada

Triste momento
el que vivimos
donde nos obligan
a ser lo que no deseamos

LO BELLO

Impacto desorbitado
en mi interior
al ver tu hermosura
que me llena de holgura
y de ganas de pensar en ti

Amarse a uno mismo
-primer paso-

Es una secuencia rítmica y alocada
que no te permite abandonar
belleza inusitada
que presume sin darse cuenta

Recuerdos del corazón
que no están guardados
en la mente

Impresión distinta
acerca de algo o alguien

Si tan siquiera
pudieses vislumbrar
todo lo bello
que existe a nuestro alrededor,
no huirías con impaciencia
sin recordar lo que quedó atrás

Grabado
como tinta en la piel
que ya no se quita

Bella es la sinceridad
no la oportunidad
si creíste en algo,
-ya da igual-
sin verlo te quedarás

PERDIDA

Por aquí
dicen que me tengo que ir
no hallo camino
ni ruta que seguir

La mirada puesta más allá
de donde soy capaz de distinguir
el uno, el dos y el tres

Una canción manchega
adorna mi búsqueda
que no intenta ser
lo que yo pensé alguna vez

Divago zigzagueando
mis pies se tornan
despistados
cuando no alcanzan
su destino

PARADA DE AUTOBÚS

Lo mejor...
puedes encontrarlo
en cualquier lugar,
sin buscar,
sin hablar,
sin parpadear,

El silencio adorna las flores
con perfume de azahar
techos profundos
caracterizados sin maldad
Recubren la gran fortaleza
a la que no podemos pasar

Expulso mi amor, creando...
-una composición artística-
mañana de otoño
que no puedo olvidar

NUBES

Gotas de lluvia
en el andén
confluyen torpes
y se dejan caer

Agua que desborda
lo que a su encuentro
le entorpece

Se esfuma
por una grieta escondida
pasa por ahí
también la luz
que le acompaña

Nubes desaparecidas
¿dónde han ido?

Desterradas,
corren sin saber
qué hacer,
las nubes
que tan bellas
hacen el atardecer

AZUL PLATA

Pensamientos pausados
nada atormentados
una paz indisoluble
alcanza el horizonte

Ves mi corazón
lo acaricias con amor
siento tu amplitud
desorbitada en mi alma

La calma despierta en mí
un insondable momento
de eternidad

Cuando tiendo mi cuerpo
en la tela-terciopelo
me deslizo como en un trineo

Color esperanza
y de nostalgia
que te arrulla
entre sus telas

Cerca estás
cuando escribo
-me has hipnotizado-

Una acuarela
-el mar gaditano-
Luz perla-grisácea
plata de la bahía

Telón de fondo
gris purpurina
enganchado
a la madera tenue y versátil

Confundo
este entorno
con el misterio
donde el agua te ahoga
y te vuelve a salvar

Un lugar apacible,
desnudo...
donde se despliega la brisa del mar...

MI MUSA

La palabra,
una fuente de inspiración
profunda

Empiezas a elucubrar
siempre atento
y distraído
como alguien que está
y se va

Risa espontánea
te hace aún más bello
de lo que eres
en modo tristeza

Amante del saber
entremezclas conocimientos
que se auxilian
para comprenderse

Tal vez,
en una montaña
nos vimos en la caída

Infinitamente delicado
y sincero
me dices tus sueños

Te prestas al coloquio
como una musa
obediente y divertida

Y descubres
que yo te escribo
con un amor cortés

Ojos despistados
no quieren ver
a esa bellísima persona
que él mismo es!

5 a.m.

En la madrugada
casi todos se esconden
camino solitaria
en un mar de silencio

Las calles sin voz
llenan mi alma de paz

Algunos
respiran agitadamente
menos yo
que hoy...
soy la excepción

La luz acercándose
ilumina las plazas
el amanecer
-con sus colores-
pinta el paisaje

Me siento bien
le dijo ese a aquel
pero ninguno sabe
muy bien el porqué

Desierto de asfalto
sin adornos

MIRADAS

La voz de tu corazón
habla con los ojos
apartas las lentes
y te fijas en mí
como un halcón

Me cautivas
siento tu ser interior
cuando expresas sin la voz

Muy divertido
-carcajadas-
en el hilo musical
del amor

Locos atormentados
se deshacen con el calor del amor

Aliento tranquilo
destila
tu lámpara encendida

Ay!
que sana belleza
es la que creamos en armonía

Escucha el rumor
de una mirada
se alza
la energía sin dolor!

TÚ Y YO

Loco preocupado
hablas constantemente
y me miras con ojos de estrés

Veo infinitud
en nuestro encuentro
que tú arropas
con tu risa

Raro
ser extraño
que disfruta
sin ambages

Lazo de fuego
sanador cautivo

Provocas
-cuando así lo crees-
un entorno de alegría
y de amor

Acaricias a los felinos
el tiempo se congela
y viajáis a otros planetas

Olvidas que existe
tu amigo fiel
cuando la hembra
ronronea delicada

SINGULAR

Tu expresión al dormir
me deja boquiabierta
Pareces un ángel de luz
que no se despierta

Si te mueves despacio
desprendes olor a amor

Si abres los ojos
con delicadeza
escondes más aún
tu hondura

Especialista
en crear
laberintos con tu mirar

Estás armado
con tu personaje singular
que denota
agudeza e inteligencia emocional

LUCES EN LAS ALTURAS

Espesa la noche,
se pegan las estrellas
a algún lugar infinito

Parecen caerse
pero colgadas
adornan el paisaje insomne

Destello de luz
brilla sin deformarse
y aguanta feliz
sin ocultarse

Llevan abrigos transparentes
para que se distinga
cuál es su alma

Bóveda celeste pintada
arcaicas luciérnagas
en las alturas
guían y también te curan

La belleza que se observa
cambia al que la mira
porque se fascina
cuando comprueba
su alquimia

Localiza a una
y dile qué te angustia
ella, aquietará el problema

CAFTÁN

Tierno ropaje
construido con
manos de seda

Color brillante
tejido impactante
adornos dorados
flotantes

Delicado trabajo
tiempo parado
en un instante
y en otro

Zig-zag del dibujo
ondas circulares
y el mar silencioso
en todas partes

El paso del tiempo
refleja la maestría
eternidad que se
manifiesta en un trozo de tela

Artesanos serenos
con su dedicación
construyen obras de amor

A lo lejos
se oye el bullicio
de la ciudad
pero en el taller
reina la esperanza y la paz

Trama de luz
que se refleja
en una textura

Tu energía...
en ese bonito caftán

AURA

Resplandeciente energía
que gobierna tu figura
desencadena reacción
en quien a su alcance se sitúa

Gobierna la calidad
de las acciones
despierta características
emociones

Los elementos
suman y crean
esa brisa
que puede
ser tan pura como oscura

Eres mutable
como las personas ...
que no paran de transformarse

¿Quién la ve?
los ojos del saber
sabiduría que la descubre
en un toque de fijación visual

LA POMME EST TOMBÉE TRÈS LOIN DE L'ARBRE

Hoy es mañana
empieza a hacer
lo que sientas
en tu alma
hasta el anochecer

Ni siquiera deberías
transitar por mundos oscuros
la luz no hace más que
invitarte a creer

Posibilidad inmanente
de limpiarse la frente
con una dosis de igualdad
ante la fragilidad

Escuchamos todo
lo que hablamos
obviamos lo que callamos

Tardía es la cosecha
cuando lo que se quiere
es engañar
porque la vida encuentra
hasta al que se quiere marchitar

Basta con el amor en potencia
traiga usted
su canasta de mimbre llena

Recuerdos que se agolpan
en un océano de inconsistencia
suben como los gases de menor densidad

Abrigamos todo
el encanto
que nos supura
en forma de felicidad

Ya no se puede quitar más,
traigan ustedes un poco de paz

Asintomáticos
pero con pesares continuos
se nos hace olvidar
lo que una vez nos
brindó nuestra personalidad

Detalles escondidos
lucen con sentido
los captas,
y siguen ahí
toda la eternidad

Alzad vuestro vuelo
y comenzad a bailar!

TRANSICIÓN

De una parte,
el caos;
De otra,
la frugalidad;

A tener en cuenta
que la vida se nos va!

No hay prisa
despacio todo sale mejor...
hasta la cocina!

Sin voz se quedan los pájaros
cuando ven que el sol
ya no brilla

Dejad paso a lo transmutado
lo que eras desaparece
y renace distinto

Hace tiempo
-recuerdas-
el movimiento
atroz y voraz

Desde ahora,
la paz y la tranquilidad

¿Nodo norte, nodo sur...
alcanzan sus cuotas de veracidad?

Abandonar viejos hábitos
que ya no funcionan
es cambio y mejora

Soltar...
si estás convencido
de que tu corazón
se ha convertido:
más paciencia,
más amor,
más inocencia,
es la transición
a la esfera de <MA>
alas para volar

VIAJE ASTRAL

Desde lejos
ve su cuerpo levitar

No puede pestañear
aunque es consciente
del estado latente
ondulando como las olas del mar

El repiqueteo de la madera
hace fruncir su expresión
que con tanta ilusión
el ruido del viento disimula

Aspiras el polvo
de los muebles...
hace siglos que
no se evapora!!!

Descalzo sientes
el frio nocturno
al volver al encuentro
de ese cuerpo tuyo

Has examinado un lugar
desde lo invisible
has frecuentado un lugar
desde lo indecible

Bombillas parpadean
como si un baile
de electricidad
surgiera de algún lugar

Cuerpo desdoblado
que me hace volar!!

DIOSA DEL ABURRIMIENTO

Y entretanto…

Las hojas caen,
la nieve llega,
el viento y la luna llena…

Miro por la ventana
los insectos vuelan,
se pelean,
discuten y se arreglan…

Las montañas…
que algunos días se ven ..
..y otros, no!
El lago manso de Baviera
luz del sol en gran proporción
¿será que el gris no es su color?

El techo está quieto
una araña teje sin parar
pintura reseca y sucia
despunta hacia el espacio lunar

Desde esa casa de las tartas gigantescas
meditamos si es necesario aguantar
hablamos, charlamos , concluímos:
es necesario cambiar!

INFANCIA

No sé nada sobre...

- El sentimiento de mi madre cuando nací
- Mi amor a comer sola en la niñez
- El sabor de las manzanas al anochecer

Si recuerdo...

- Correr detrás de los remolques para engancharme y sentir la libertad
- Jugar al pillar y al escondite en el barrio más salado del lugar
- Gente, gente amorosa siempre en el bar
- Mi madre de aquí para allá
- Mi padre...
- Mis hermanos, jugar sin parar
- Las cocineras...las más amables
- Y los camareros...desiguales!

Sé algo sobre...

- El amor y la eternidad en los baños al atardecer
- Los tropiezos y caídas con heridas después
- El miedo a la autoridad
- El valor de la amistad

SALUD

¿Es el cuerpo físico
lo que nos permite el movimiento
o es el espíritu vibrando?

Energía desencadena
electricidad constante
y altera todo el sistema

Unas piernas mecánicamente dispuestas
necesitan de la alegría para existir

Trazan senderos con las huellas
y después no pueden dormir
¿del movimiento en sí?
o,¿ de la experiencia?

Cortejamos
de una manera sana
al mundo
dejándonos conquistar por él

Desenfunda
la vibración eterna
que es la que me acerca
a ti

¿Hay algo que nos une a las estrellas?
¿Cómo estaba el cielo cuando yo nací?

Sentir el amor cabalgando
por mi cuerpo
como la sangre que no se agota

Me deslumbra el buen ánimo
talante,
paciente y persistente

Y me acongoja
ver cómo la gente
siente que ya no disfruta
con su ambiente

No te subas en un Ferrari
a alta velocidad
porque despacio
puedes ver
la gran ciudad

Alineación de tu alma
con lo más profundo
te hace ser amable

Al compás del universo
suenan tus huesos

¿Quizá haya algo más?

PSIQUIATRIA

Se disfrazan
con una bata blanca
y en sus mentes
listas de medicamentos
multicolor

Pasillos lúgubres
apagan las sesiones
de llanto y desconcierto

¿Qué tal?
Ya lo ves
Se acabó la conversación

Franja prohibida
decir lo que ves...
si es un vecino al revés!

Tardía es la aplicación
de la valentía
que te deja
en la más triste apatía

-loco-
No es muy usado en
su lenguaje

¿Intentan ayudar realmente?
¿o enmascaran la enfermedad
a veces ilusoria
según qué manual?

Porque la química
consigue el equilibrio
pero,¿ acaso le pertenece
al cerebro que tienes?

CIRCUITO

Construcción con material
desmontado y tirado por ahí

La madera une lo separado
-era un palo agrietado-

Los bidones de cerveza
el circo en un estilo parecido

Unas cajas de plástico
con color esfumado
por el brillo del sol
saltos al vacío
sin miedo a la opinión

Las escaleras rotas..
fuego para mis manos
el horizonte
-una pared uniforme-

Lanzamientos a canasta
con un balón desinflado
emoción en mi corazón

Puertas de hierro
me sostienen
paso al otro lado
casi sin calzado

LAS GALLINAS NO SE DEPILAN

Escenario gastronómico
una cocina con efectos psicotrópicos
dejamos rechinar los dientes
por una carcajada estridente

Calor asfixiante
de la calefacción a un instante
y una armonía
que no se deshace

La parte no dicha
es la mejor
comer y reír

Alitas de pollo
sin depilar
se nos olvidó quemar!

Un día tras otro
sin poder respirar
de las risotadas de huracán

El último día
una hamburguesa
hasta vomitar

Deja ya de tragar
que vas a explotar!

REENCARNACIÓN

Eres única
no sabes muy bien
pero todo rima

Almas que están
juntas en el poblado energético

Dejan un cuerpo
para después
volver a otro

No iguales, parecidas

Transmigras
en un vuelo
alterno de existencia

Pasado
que vive otra vez
el presente
hasta completar
el ciclo

Actúa bien
para que el karma
te acompañe
de forma positiva

Vidas pasadas
muestran tu completitud

Noción difundida
en la que puede creer
hasta un anciano

No pagas nada
sino que te desarrollas
y comprendes

Y un día,
 ya no vuelves!

SOLEDAD

La ausencia
de tu ser
me deja diferente

No tomo muy en serio
el estar sola
Llegas a pensar
que es una actitud
de humana

Acostumbras a compartir
pero cuando vas envejeciendo
va desapareciendo todo

Tienes tiempo para ti
reflexionar,
y hacer cosas contemplando
un estado que acerca a la pureza
que no es blanca sino azul

Soledad
que me acompañas
no es aislamiento
ni desapego
sino un disfrute
propio y genuino

Creatividad
que brota
como una flor
en primavera

Más de la mitad
corresponde al silencio
que te habla en mil idiomas

MÚSICA

Me enciendes por dentro
cuando el vacío me llena
la música no es pasajera
eterna como tu amor por ella

Lenguaje encriptado
mezclado
y afinado

Su olor sabe a inspiración

Haces que esté bien
no sé cómo te las ingenias
cuando quiero volar, vuelas!

Armonía de silencio
llenando siempre
el corazón

Atraviesa las fronteras
que te distancian
de los demás

Sientes el trasfondo
de todo lo que es aparentemente real
Llegas a tocar otra dimensión
con total facilidad

Música! Aparece!
así es una experiencia total!

PLAN VIDA

No todo sale a la primera
el fracaso es una quimera

Es la vida!
ni siquiera tropiezas

Olvida lo que te daña
y vive feliz

No existe un plan
aunque sí, la experiencia

Que no siempre es igual
el río nunca lleva la misma cantidad

No hay metas
ni objetivos
-solo la fusión de los corazones
en el dar-

Las lágrimas
hacen crecer
tu esencia
no las tapes
ni las escondas

La vida real
es la de los reyes!

Imagina
sueña
y haz feliz a la gente!

ARROZ MANCHADO

Ensueño de color
amarillo
verde y rojo

Mi amor,
que solo quiere
el arroz

Tropiezas con una almeja
encuentras un caracol

Mezcla de sabores
en un solo bocado

Arroz amarillo
blanco y negro
también multicolor

Las manchas llenan de alegría
el arroz
¡él solo es de un color!

Se le conoce con muchos nombres
-la etiqueta que le inquieta-

Inunda las casas de buen olor,
empatía y algarabía

Dame el calamar
yo te doy el pimiento
y no me arrepiento

Resalta como una paleta
de un pintor!

CIELO

Por ahí van
los aviones y las nubes

¿Y quién sabe?
los que viajan o los que mueren

El cielo está hecho
para poder volar
hacia algún lugar

Más rápido y
ver de nuevo tu hogar!

El cielo es un trayecto,
un proyecto

Lleno de transeúntes
que buscan su asiento

Él intenta que
todos lo encuentren

El vínculo funciona
cuando es de verdad

Y el cielo te ayuda
a llegar!

INFIERNO

Dando pasos
la tierra queda marcada

Infierno
no está debajo
de ningún aspecto

Fuego y pasión
que nos lleva
sin cabeza

¿Tal vez sea la locura?
¿O la cordura que todo
lo ordena y controla?

Etapas de equilibrio
y desequilibrio
te hacen madurar

La vida no es recta y sin baches
hay que girar y virar

-cuando lo pasas mal-
No hay que morir para
andar por ahí

La intención siempre
es buena
aunque tu pensamiento
se equivoque

La bondad despierta
ser de luz brota siempre
que puedas!

ATRAPA UN SUEÑO, SI PUEDES!

Sueñas
y te quedas sin aliento!

Desde la lejanía
se observa una luna fría
que insta a derrocar
las pesadillas que nos encuentran
los labios tiemblan

No dejes de vivir
en la vida onírica
que trasciende la lógica

Historias que
desbordan
la mente racional

Se enfrían los pies
cuando quieres despertar

En una agonía
de no poder parar

Lamento inconsciente
alegría que se va...

BADABOUM

Entre máscaras
me acerqué a ti
con la esperanza

No permitas
que te conviertan
parece una obra de teatro:
la vida oscilando
en un escenario raro

Desdoblamiento psíquico
-utilizado para engañar-
a los demás

Se quedan complacidos
y con ganas de más

Enfermedad de los sanos
que pierden el horizonte

No diagnosticados
fuerzan las historias
y se atreven a dañar

Duales, son mutables
y ven de manera abismal

Peligrosos
porque te enferman el corazón
no sienten nada y
se aferran al dolor

Sociedad insana
desconexión moral

Kali yuga
en estado natural
y los ángeles
con alzheimer...

DESEO

Embelesada
te quedas
ensimismada...
tropiezas,
te caes,
vuelves a renacer

Duración limitada
destinada al placer
Ilógico
puramente extraño
y quieres desaparecer

Momentos intensos
que se quedan incrustados
en la piel

Fuerza hacia un interés
-vehemencia-
anhelo hacia algo

Quieres coger
el aire con las manos
y los pies

Huellas insólitas
magullan,
dejan de valer
cuando escuece
 y empieza a doler

Intensidad alocada
que desemboca
en un exceso tan travieso
como tú

HUMOR

Burlar la censura
como en un sueño
-el humor-

Surge de manera espontánea
cuando bailas
sin los pasos aprendidos

Sabe aparecer
y suena a locura
las carcajadas
son una diablura

¿De dónde proviene?
Sale de dentro
y no pasa por el centro
extremo es

Pretendes alejarte
de un dolor
que es intolerable
para el corazón

Electrificas mi abdomen
con ese intenso
delirio insano

Liberación de angustia
por amor a la vida sin penurias
graciosas palabras
invitan al placer

Quebrantar
la mesura
con una dosis
de desenfreno irracional

El humor
-atraviesa la espesura del mar-

EPÍLOGO

La escritura creativa libera las luchas internas de nuestro caminar.

Verbalizas lo innombrable y la luz aparece como rayos de una tormenta curativa.

Bailar y escribir…, que bonita andadura.

Sentir el influjo de la inspiración y la conexión con lo más profundo. Es lo que desencadena la apertura y ternura en nosotros.

Clara García Castellanos